AF260354

27
In 15368.

DEUX MOTS

A MES CONCITOYENS.

DEUX MOTS

A MES CONCITOYENS,

ET

COPIES

DE PIÈCES AUTHENTIQUES,

Par C.-P.-V. OLIVIER,

ANCIEN VÉTÉRINAIRE DU GOUVERNEMENT.

Dans les situations diverses où nous place l'ordre social, le but le plus noble de la vie est de la rendre utile à notre pays ; et lorsque nous remplissons cette belle destination, la considération publique devient notre récompense, quelle que soit la nature de nos travaux. Mais si ces travaux ont pour résultat le perfectionnement du premier des arts, s'ils tendent à accroître les richesses nationales, quels droits n'ont pas ceux qui s'y livrent à l'estime, à la reconnaissance des amis de leur patrie !

Paroles du Préfet de la Seine aux Élèves vétérinaires.

L'AIGLE,

IMPRIMERIE DE P.-É. BRÉDIF.

—

1833.

DEUX MOTS

A MES CONCITOYENS,

ET

COPIES DE PIÈCES AUTHENTIQUES.

LE mensonge et l'égoïsme, intéressés ou bénévoles, dispensateurs éternels de blâme et de calomnie, viennent m'atteindre dans la retraite que je me suis choisie à L'Aigle (Orne).

Fatigué que j'étais de mes longs et pénibles voyages, le 30 octobre 1830, je suis rentré en France, chez mon père, où je venais chercher le repos qui m'était nécessaire. Une administration communale, que je m'abstiens de qualifier, à cause de sa profonde obscurité, voulait, je crois, me faire regretter les forêts de la Guyane et les peuples *indiens* que je venais de quitter ; je ne m'en suis jamais plaint, et je m'abaisserais par trop si je m'en plaignais aujourd'hui.

Quittons donc au plus vite ces tracasseries mesquines, et suivons, s'il se peut, les clabaudages populassiers enfantés par des hommes dégradés, auxquels je ne fis ni ne souhaitai jamais aucun mal.

Arrivons sans retard à l'époque de mon mariage : c'est là que d'ordinaire se déchaînent contre les gens tous les serpens de l'envie ; j'essuyai leur atteinte sans trop récriminer ni m'en plaindre, attendu surtout que c'est l'usage. Lettres et invectives, signées et anonimes, ne nous firent faute. Je ne citerai aucun fait, je les ai tous méprisés.

Marié et retiré dans mon coin, j'aurais désiré y vivre et mourir, tranquille spectateur, oublié en dehors de la scène du monde.

Jeune encore, il était au-dessus de mes forces de rester inactif. Des amis, car chacun a les siens, m'engagèrent à utiliser quelques talens (que l'étude et l'observation m'ont acquis) à mon profit et à celui du pays que j'habite. J'ai dû céder à cette invitation. Il est si doux, pour un esprit bien fait, d'être utile aux hommes, j'allais dire aux ingrats ! Eh ! pourquoi pas ? il y en a tant !....

Je m'annonce sous le titre d'*ancien Vétérinaire du gouvernement*, et mes cartes circulent : bientôt cette qualité est révoquée en doute par les uns et faiblement soutenue par les autres. Il a été clerc de notaire, disait un grand benêt que l'on m'a fait connaître, il ne peut pas savoir la médecine (1); mais, disait un autre, j'ai la certitude que c'est comme vétérinaire du roi qu'il a voyagé, j'ai vu ses titres. — Bah! il a été exilé, déporté, ou bien quelque chose de pis.... Des personnes simples et de bonne foi, qui aiment le doute par goût, comme d'autres aiment la prudence, disent encore : Dame! ma foi, on ne sait toujours pas où il a été....

Hé bien! s'il ne dépend que de parler haut et en lettres *moulées*, il va vous le dire ce qu'il a fait, où il a été.... Prenez la peine de lire jusqu'au bout, vous trouverez des pièces authentiques, non point par extrait, mais littérales ; elles sont revêtues des signatures les plus connues en France ; connaissez-vous M. *Girard*, directeur de l'école vétérinaire d'Alfort, chevalier de la légion d'honneur, etc. Hé bien! j'ai sa signature. J'ai celle de M. le marquis de *Clermont-Tonnerre*, ministre de la marine et de la guerre, qui, en 1822, m'a attaché au gouvernement comme vétérinaire. J'ai encore celle de M. *le comte de*

---

(1) Belle conclusion !

Chabrol, ministre de la marine, frère de l'ancien préfet de la Seine. J'ai celle de M. le baron *Hyde-de-Neuville*, ministre du roi, celle de M. le *comte d'Argout*, et enfin une plus récente, celle de M. le comte *Horace Sebastiani*. Je pourrais aussi montrer aux curieux les signatures de plusieurs illustres gouverneurs des colonies françaises, avec lesquels j'ai eu l'honneur d'être en relations suivies pendant le cours des missions honorables que j'ai remplies en Afrique, dans l'Amérique du Sud, à Cayenne, au Brésil, dans l'intérieur des Guyanes, aux Antilles, à la Martinique, à la Guadeloupe, dans les îles de leurs dépendances, et enfin sur différens points de la France et de l'Europe.

Je ne me ferai point l'admirateur d'un gouvernement, quel qu'il soit, il est toujours trop au-dessous de sa mission ; il y a trop de malheurs publics et de malheurs privés sous les gouvernemens les moins imparfaits.

Je ne prônerai point le gouvernement déchu, et j'éviterai le blâme, ne voulant point me faire prophète de malheur après l'événement.

Ce gouvernement, que j'ai servi, a eu ses grands hommes qui ont voulu le bien du commerce et la prospérité de l'agriculture, des arts et des sciences, sur tous les points de son vaste domaine.

Dans la classe la moins instruite de la société, dans l'intérieur de la France où je suis né, on ne s'imagine pas même qu'il y ait des hommes assez courageux pour aller, de leur plein gré, par amour de la science, s'exposer aux périls *incessans* de la mer! on se refuse d'y croire; on préfère supposer le crime ou le malheur, que d'ajouter foi au dévouement.

Si beaucoup de grands fonctionnaires prévaricateurs ont déterminé la chute bruyante du trône des Bourbons, il en existait d'autres voués à la gloire et au bonheur de leur pays : je veux parler de l'illustre commissaire-général de la marine, directeur des colonies, resté aux affaires, et toujours digne de les diriger. Ce haut fonctionnaire m'a souvent fait l'honneur de m'entretenir en particulier des missions diverses dont je fus chargé. Il avait cru m'apprécier, car il m'a instruit, poussé dans la carrière des voyages et des recherches scientifiques, non point pour un jour, mais pour des années. Il ne m'a pas abandonné dans les différentes parties du monde que j'ai parcourues sous ses auspices;

en prononçant son nom célèbre autant que vénéré, j'ai été accueilli, fêté des peuples et des rois. Les barbares des contrées lointaines dans les terres d'Afrique et d'Amérique, m'ont reçu avec crainte et respect; les rois m'ont demandé ma protection, alors même que, seul et sans armes, j'étais livré à leur discrétion.

J'ai touché, à Montchevrel, le traitement de congé que m'avait accordé le ministre, et aujourd'hui même je ne suis ni *démissionné* par le gouvernement, ni *démissionnaire;* je suis *licencié* purement et simplement.

Je pourrais ajouter que je possède des lettres particulières des ministres, des gouverneurs, des directeurs généraux, qui ont applaudi à mon zèle et à mon dévouement.

J'ai servi deux ans en Amérique, sous les ordres d'un compatriote qui honore son pays par sa probité et ses vertus; je veux parler de M. Ferdinand Frémy, d'Alençon, maintenant directeur général à Bourbon, où je l'aurais suivi si je ne me fusse pas marié dans mon pays. J'ai été admis dans toutes les réunions et les fêtes données par ce brave compatriote. Les gouverneurs de presque toutes nos possessions d'outre-mer m'ont admis dans leurs conseils et m'ont fait participer à quelques-unes de leurs propres délibérations, dans des vues de bien public et d'amélioration de notre système d'économie rurale et vétérinaire.

J'ai écrit des mémoires zoologiques, déposés au ministère, dont j'ai été chercher les matériaux à plusieurs milliers de lieues de mon pays natal ; je me suis enfoncé dans les déserts de l'Afrique, où j'ai assisté aux *palabres* des rois ; j'ai parcouru les vastes prairies et les forêts séculaires de la Guyane française et de la Guyane portugaise. Ces mémoires, que je pourrais dire être riches de faits et d'observations nouvelles, m'ont valu plus d'un encouragement venu de haut lieu.

Mais je me hâte de terminer cette esquisse; on pourrait croire que je ne l'ai écrite que par ostentation ou par charlatanisme. Non, non, j'ai seulement voulu me mettre en garde contre les coups que la sottise et l'ignorance pouvaient me porter à la sourdine. Je n'ai point la prétention de convertir les *calomniateurs*, secte infime et bavarde que je méprise. Ces quelques lignes ne s'adressent qu'aux personnes honnêtes qui ont pu ou qui pourront avoir des relations avec moi.

Je les prie de vouloir bien jeter les yeux

sur les pièces que je publie; elles serviront de *muserole* aux ânes dont je reçois les coups de pieds, comme elles justifieront ma conduite à tous les regards.

PIÈCES AUTHENTIQUES.

MARINE ET COLONIES.

DE PAR LE ROI.

Le Ministre secrétaire-d'état, ayant le département de la marine et des colonies,

Ordonne au sieur OLIVIER (Cyrille-Prosper-Vincent), destiné à aller servir à la Guyane française en qualité d'artiste vétérinaire du gouvernement, de se rendre immédiatement à Brest, à l'effet de s'y embarquer.

Le présent ordre, etc.

Paris, le 26 octobre 1827.

Signé Comte de CHABROL.

Par le ministre :

Le maître des requêtes, directeur de l'administration des colonies,

Signé SAINT-HILAIRE.

N. B. Cette pièce est aux armes de France et porte le cachet du ministère.

MINISTÈRE DE LA MARINE ET DES COLONIES.

DIRECTION DES COLONIES, etc.

Paris, le 26 octobre 1827.

N° 1226.

Je vous préviens, Monsieur, que d'après les témoignages favorables qui m'ont été rendus sur votre compte, je vous ai destiné pour la Guyane française en qualité d'artiste vétérinaire attaché au gouvernement.

Vous devrez faire vos dispositions pour vous rendre immédiatement à Brest, où des ordres seront donnés pour qu'il soit pourvu à votre embarquement aux frais du Roi, à la table de l'état-major, à bord d'un bâtiment de Sa Majesté, qui doit partir de ce port, dans le courant de novembre, pour le Sénégal, où il sera pourvu ultérieurement à votre passage à Cayenne.

Vous recevrez des instructions sur ce que vous aurez à faire pendant votre séjour au Sénégal, où vous suivrez d'ailleurs les indications qui vous seront données à cet égard par le gouverneur de cette colonie.

Le traitement dont vous jouirez à Cayenne est fixé à trois mille cinq cents francs par an, et il courra à partir du jour de votre arrivée dans cette colonie.

A partir du jour de votre embarquement à Brest, vous serez payé à raison de deux mille francs par an.

Vous recevrez, avant de quitter Paris, une somme de mille francs pour frais de déplacement.

Je joins ici votre ordre de départ.

Recevez, Monsieur, l'assurance de ma parfaite considération.

Le Pair de France, ministre secrétaire d'état
de la marine et des colonies,

Signé Comte de CHABROL.

A Monsieur OLIVIER (Cyrille-Prosper-Vincent), Vétérinaire à Paris.

<div align="center">~~~~~~~~~~~~~~~~~~~~</div>

Lettre du Gouverneur du Sénégal.

SÉNÉGAL ET DÉPENDANCES.

Saint-Louis, le 15 janvier 1828.

Monsieur, le ministre de la marine, en m'informant de votre passage par cette colonie et du séjour temporaire que vous devez y faire avant de vous rendre à Cayenne, a recommandé que, dans l'intérêt de la mission que vous avez à remplir à la Guyane française et pour assurer autant que possible le succès ultérieur des envois de bestiaux qui pourront être faits d'ici, vous fussiez mis à portée de prendre des connaissances exactes sur le bétail de l'Afrique et notamment du Sénégal. Ainsi que vous l'avez reconnu vous-même dans une note en date du 9 de ce mois, il est nécessaire à cet effet que vous alliez visiter les divers établissemens du fleuve où des bestiaux sont élevés.

Je vous invite, en conséquence, à vous tenir disposé à partir pour la rivière par la première occasion qui se présentera.

Vous ne négligerez rien pour utiliser, sous tous les rapports, cette excursion, et pour y acquérir tous les renseignemens et faire toutes les observations susceptibles de tourner au profit de la colonie de Cayenne et de celle du Sénégal.

Je vous invite à recevoir, avant votre départ de Saint-Louis, de M. Berton, (1) inspecteur adjoint des cultures, actuellement à Saint-Louis, les renseignemens qu'il est à même de vous donner concernant l'objet de votre mission. Je joins ici une note qui contient des indications utiles relativement à quelques objets qui appellent particulièrement votre investigation. Il sera utile que, pendant votre voyage, vous vous mettiez en relation avec M. Berton, qui va re-

____

(1) Ce qu'il y a de remarquable dans cette lettre de M. le gouverneur du Sénégal, ce n'est point le détail et l'importance de la mission dont elle fait foi, c'est, suivant moi, le nom de *Berton*, qui se trouve, en 1828, au Sénégal, protégé par le duc d'Angoulême personnellement, et dépensant l'argent de l'état à pleines mains, tandis que le gouvernement avait fait fusiller son père quelques années auparavant, comme chef de la conspiration de Thouars, Saumur, Béfort, etc.

Je pourrais peut-être expliquer la tendresse du duc pour le fils du général, mais je me suis imposé la loi de ne rien écrire qui ait trait à la politique.

Berton fils avait refusé de se mettre à la tête des élèves en droit et en médecine qui voulaient délivrer le général Berton.... Dans ce temps-là, était-il honorable d'abandonner son père !

Il est avec le ciel des accommodemens.

Un proscrit n'a rien qui me répugne ; mais un lâche..... pouah !

tourner bientôt à Richard-Tol, et avec l'inspecteur des cultures, M. Brunet, qui réside à Doukitt.

Vous aurez, à votre retour à Saint-Louis, à me remettre un rapport circonstancié, dans lequel vous ferez connaître vos vues concernant les bestiaux du Sénégal en général, et en particulier relativement au parti qu'il serait possible d'en tirer dans l'intérêt mutuel de cette colonie et des colonies françaises d'Amérique et notamment de Cayenne.

Le ministre a recommandé à l'administration locale de faire passer à la Guadeloupe, lorsque l'occasion s'en présentera, des étalons du pays; il vous a été donné communication de la dépêche relative à cet objet. Je vous invite à examiner et à me proposer les moyens de satisfaire, de la manière la plus utile qu'il sera possible, aux ordres du ministre à cet égard.

Recevez, Monsieur, l'assurance de ma parfaite considération.

Le gouverneur,

Signé JUBLIN.

A M. OLIVIER, Vétérinaire du Gouvernement, en mission au Sénégal.

⁓⁓⁓⁓⁓⁓⁓⁓⁓⁓

Je pourrais faire un volume de la correspondance que j'ai eue avec le gouverneur du Sénégal; ce n'est point là mon but : j'ai voulu que les incrédules me vissent parcourant les déserts de l'Afrique, pays mortel pour les Français, d'où je suis sorti sans une fièvre, trois mois après mon arrivée et comme par miracle.

Je pourrais trouver place ici à une belle et bonne narration sur l'Afrique, ses mœurs, ses coutumes, sur ses produits, ses animaux, son commerce; j'ai tout vu, tout observé, mais j'ai bien autre chose à raconter.

Je quitte la Barbarie, et tout d'un temps je fais 1800 lieues. Je rentre en France, où un séjour de quelques jours n'intéresserait guère. Je fais encore 1800 autres lieues, et me voilà à Cayenne, à la Guyane si on veut, car c'est tout un.

A peine venais-je de m'établir dans cette colonie, que M. le baron de Freycinet m'ordonna de me rendre au Brésil par une missive en date du 30 août 1828.

Le 23 mars 1829, après mon retour du Brésil, on m'écrivait de Cayenne :

J'ai l'honneur d'informer M. Olivier que M. le gouverneur ne m'a point encore envoyé son rapport, mais qu'il en a pris connaissance, et qu'*il y a trouvé des vues utiles;* qu'il m'a chargé d'en témoigner sa satisfaction à M. Olivier, ce que je fais avec grand plaisir.

Le Directeur de l'intérieur,
Signé F. FREMY.

Concevez-vous, hommes qui n'avez jamais perdu de vue votre clocher; concevez-vous qu'un homme ait marché dans les forêts inhabitées, remplies de tigres et de serpens de toutes couleurs, pendant quarante-cinq jours, pour recevoir ce faible encouragement? Hé bien! j'avoue ma faiblesse, on m'aurait fait courir encore une fois au bout du monde avec quelques paroles de plus. Je fus heureux un moment du mot : *Il m'a chargé de vous en témoigner sa satisfaction;* et cependant ce mot si flatteur était vide de sens. Mes travaux avaient arraché cet aveu à un homme froid, égoïste, et ne protégeant efficacement que les amis du *sigisbé* de madame la gouvernante.

Que je me trouve heureux maintenant, gens du pouvoir, de ne plus dépendre de votre bon plaisir! ma chaumière et mon petit ruisseau me semblent bien plus désirables que vos palais et vos lambris dorés, où l'on va, en habits brodés, épier vos moindres caprices, vos fades complimens ou votre silence orgueilleux.

Gens du pouvoir, habits, galons, broderies, je ne vous ferai plus la cour.

MINISTÈRE DE LA MARINE ET DES COLONIES.

Lettre du Directeur des colonies.

Paris, le 24 août 1829.

Monsieur, j'ai reçu la lettre que vous m'avez fait l'honneur de m'écrire en avril dernier; j'y ai trouvé joints trois Mémoires que vous avez rédigés sur les animaux domestiques du Sénégal et de la côte d'Afrique, du Para et de la Guyane française.

Je vous remercie du soin que vous avez pris de me faire cette communication; l'amélioration et la multiplication des races d'animaux utiles est un objet important pour la prospérité intérieure de Cayenne.

Vous êtes en position d'y coopérer d'une manière efficace, et je ne doute pas que M. le gouverneur de la colonie ne soit disposé à *apprécier et à faire valoir, dans l'occasion, les services que vous rendez à cet égard.*

Le maître des requêtes, directeur des colonies,

Signé SAINT-HILAIRE.

A M. OLIVIER, vétérinaire à Cayenne.

J'ai donc eu aussi le bonheur de rendre des services à mon pays. On me le dit du moins, et, pour toute récompense, le gouvernement m'a envoyé aux Antilles, ou, par parenthèse, j'ai dépensé en partie les quelques mille francs que j'avais économisés pendant mes longs et dangereux voyages. Je ne réclamerai rien, car j'ai dit : *Gens du pouvoir, je ne vous ferai plus la cour.*

Le 16 de novembre 1830, j'ai été licencié par lettre du comte *Horace Sebastiani,* avec un congé soldé pour six mois.

Mes Mémoires sur la Martinique, la Guadaloupe et dépendances, sont les seuls que je n'aie pas remis au ministre, tant j'étais satisfait des agens du pouvoir : ils sont à moi; j'ai fait ces voyages presqu'à mes frais.

Quand, en 1823, j'ai failli périr sur le *Chameau,* au beau milieu de l'océan, quand en 1828, aux embouchures de l'Amazone, j'ai vu *la Ménagère,* que je montais, pendant 36 heures en détresse et prête à faire naufrage, je ne me suis pas plaint et je n'en parle jamais.

C'était le 11 d'octobre; je ne me souviens que des travaux inouïs des hommes de l'équipage. Quand le capitaine perdit la tête, je me préparai un doux souvenir, car mon vin de caisse de Bordeaux *à long bouchon* fut bu avec reconnaissance par les braves matelots dont les efforts plus qu'humains sauvèrent le navire. Ce jour, j'étais *commis aux vivres,* et j'ai la croyance que l'état doit un très-joli bâtiment à mon *vin de caisse.* Je fis bien.... Un autre à ma place fut décoré pour avoir pleuré dans la sainte-barbe, tandis que le danger a duré.

De bonne foi, les hommes en société méritent bien d'être observés, étudiés ; il y a des positions dans la vie d'où l'on peut rire et s'amuser du *trémoussement* éternel qui fait que les uns sèment et les autres récoltent.

Je me ruinerais en frais d'impression si je m'avisais de faire voir le jour à toutes les correspondances de haut lieu qui me sont tombées en partage ; c'est pourquoi, je prie le lecteur de m'excuser et d'approuver cette économie. Plus tard, je ferai paraître mes Mémoires zoologiques.

Je ne puis toutefois finir cette esquisse rapide, sans rendre un juste hommage d'amitié et de reconnaissance à mon confrère de la Pointe-à-Pître (île Guadeloupe). M. *Ségrétain* m'a rendu le séjour de cette colonie on ne peut plus agréable; sa maison tout entière a été pendant un mois et plus à ma disposition. Ses amis, et il en a beaucoup, m'ont reçu avec un plaisir et une loyauté qui ne sont plus guère en usage dans ce vieux monde.

Bon Ségrétain, reçois ici l'expression de ma vive reconnaissance pour tous les plaisirs aimables que tu m'as procurés dans ton île, et pour tous les petits services que tu m'as rendus avec une grâce qui ajoutait encore à leur mérite.

A L'Aigle, on a débité qu'ancien vétérinaire du gouvernement, je ne me déplaçais pas à moins de 25 francs.

Ce mensonge ne peut être attribué qu'à la tourbe des empiriques dont la ville et les environs de L'Aigle abondent. Je n'ai point dépassé l'exigence de mon devancier M. Lautour, et mon intention, comme mes habitudes, me porteront constamment à secourir les animaux qui appartiennent aux indigens avec autant de zèle que ceux des riches négocians.

FIN.

www.ingramcontent.com/pod-product-compliance
Lightning Source LLC
Chambersburg PA
CBHW051223070726
47595CB00018B/3050